Parque Nacional de los Glaciares

Grace Hansen

Abdo
PARQUES NACIONALES
Kids

abdopublishing.com

Published by Abdo Kids, a division of ABDO, P.O. Box 398166, Minneapolis, Minnesota 55439.

Copyright © 2019 by Abdo Consulting Group, Inc. International copyrights reserved in all countries. No part of this book may be reproduced in any form without written permission from the publisher.

Printed in the United States of America, North Mankato, Minnesota.

052018
092018

 THIS BOOK CONTAINS RECYCLED MATERIALS

Spanish Translators: Laura Guerrero, Maria Puchol

Photo Credits: iStock, Minden Pictures, Shutterstock

Production Contributors: Teddy Borth, Jennie Forsberg, Grace Hansen

Design Contributors: Dorothy Toth, Laura Mitchell

Library of Congress Control Number: 2018932248

Publisher's Cataloging-in-Publication Data

Names: Hansen, Grace, author.

Title: Parque nacional de los Glaciares / by Grace Hansen.

Other title: Glacier National Park. Spanish

Description: Minneapolis, Minnesota : Abdo Kids, 2019. | Series: Parques nacionales | Includes online resources and index.

Identifiers: ISBN 9781532180446 (lib.bdg.) | ISBN 9781532181306 (ebook)

Subjects: LCSH: Glacier National Park (Mont.)--Juvenile literature. | Montana--Glacier National Park.--Juvenile literature. | National parks and reserves--Juvenile literature. | Natural history--Juvenile literature. | Spanish language materials--Juvenile literature.

Classification: DDC 917.86--dc23

Contenido

Parque Nacional de los Glaciares

El Parque Nacional de los Glaciares está en el noroeste de Montana. En 1910 el presidente William Taft aprobó su creación con una ley. Esta ley dio origen al Parque Nacional de los Glaciares.

4

Mucha gente se alegró, incluso **ecologistas** como George Bird Grinnell. Este hombre luchó para proteger esta hermosa tierra.

6

7

El Parque Nacional de los Glaciares mide un poco más de 1 millón de acres (404,685 ha). Su paisaje abarca más de 175 montañas. Tiene más de 1,200 lagos y arroyos. Su nombre proviene de los muchos glaciares que tiene.

9

Clima

Debido a su ubicación el parque tiene dos regiones **climáticas**. Recibe aire cálido y **húmedo** del oeste. Recibe aire frío y seco del noreste.

11

Hábitats

El parque tiene muchos **hábitats** diferentes. Dentro de cada hábitat hay muchas plantas y animales.

Alrededor del 55% del parque es bosque. Crecen árboles como el álamo, el pino y el abeto. Osos negros y linces habitan en estos bosques.

15

Las montañas están cubiertas de **liquen**. Los muflones, las cabras montesas y los alces viven allí. Estos animales pueden vivir a gran altura. Pueden caminar fácilmente en las laderas muy empinadas.

Ranas, sapos, peces y tortugas, llenan los lagos, ríos y arroyos del parque. También se puede ver a los castores construir sus madrigueras en el río.

Las praderas del parque están llenas de hierbas y flores silvestres. Al final del verano salen margaritas moradas silvestres. Muchos insectos y serpientes viven en la pradera.

21

Actividades divertidas

Esquiar de fondo o caminar con raquetas de nieve en los meses invernales.

Conducir o andar en bicicleta en la famosa calle *"Going-to-the-Sun."*

Hacer senderismo por las 734 millas (1,181 km) de caminos en el parque.

Acampar bajo las estrellas en uno de los 13 campamentos.

Glosario

climático – relacionando al clima, es decir, el tiempo habitual de una zona.

ecologista – persona que promueve la conservación de recursos naturales.

hábitat – lugar donde por naturaleza viven animales o crecen las plantas.

humedad – cuando el aire está cargado de vapor de agua.

liquen – planta que normalmente crece en rocas, paredes o árboles.

Índice

Abdo Kids
ONLINE
FREE! ONLINE MULTIMEDIA RESOURCES

¡Visita nuestra página abdokids.com y usa este código para tener acceso a juegos, manualidades, videos y mucho más!

Código Abdo Kids:
NGK4336

24